Calidad total:
Aspectos básicos en los servicios

Compilación de Materiales.
MBA Yosvanys R. Guerra Valverde
Dra. Idalia Romero Lamoru

El incremento actual y futuro de la tecnología, los medios de comunicación, el transporte y la informática, ha posibilitado tener un cliente muy bien informado y cada vez más exigente. Las empresas líderes no son hoy una mayoría, como tampoco hoy se encuentran con frecuencia empresas que ofrezcan servicios excelentes. El desplazamiento de las empresas de servicios con relación a la industria de manufactura, ligado a la globalización de los mercados, impone nuevos retos a las organizaciones.

Lograr productos y servicios de calidad es una condición indispensable para obtener altos índices de productividad tanto nacional como internacionalmente. Se observa una tendencia, en la cual no basta sólo con producir o brindar un servicio de calidad sino que además debe demostrarse, que se garantiza de forma estable la calidad necesaria a través de un sistema de gestión.

El desarrollo alcanzado en las formas de hacer calidad hoy día, incentivado por escuelas, organizaciones y gobiernos de carácter nacional e internacional en el tema de gestión de la calidad ha favorecido el incremento en el mercado de numerosas tecnologías que permiten enfrentar mejor este tema. Las exigencias cada vez mayores por parte de clientes, empleados, dueños, sociedades y proveedores, entre los interesados fundamentales han influenciado notablemente en el incremento de estas prácticas a escala mundial. Estas medidas pueden ser de carácter técnico y se identifican claramente por los empresarios, a través de la certificación de sistemas de calidad ISO, entre otras. También, se promueven medidas por los gobiernos dirigidas a estimular y motivar a los empresarios a través de la entrega de reconocimientos o premios, a partir del concepto de Calidad Total.

La Calidad se concibe, hoy día, como un mundo integrado donde adquieren relevancia los sistemas de gestión y certificación de organizaciones y productos, que cumplan con los requisitos funcionales y exigidos a esos productos dentro de una política ambiental consecuente, con la máxima seguridad y salud de los colectivos laborales. Esas empresas que logran transitar armoniosamente y demostrar competencia en todo eso a través de la evaluación de la conformidad de una tercera parte, se conocen en el mundo como "Empresa de Clase Mundial", una categoría de vanguardia.

1. La calidad como factor de competitividad

La calidad como fuente de ventajas en la aplicación de estrategia de diferenciación de los negocios. Etapas de la calidad como arma estratégica.

Objetivos

- Identificar los cambios que introduce la era de los servicios en el significado del concepto *Calidad,*
- Comprender el nexo de la calidad con los procesos estratégicos y de su inserción en la estrategia de diferenciación
- Diferenciar las etapas de utilización de la calidad como arma estratégica y ubicar la etapa de desarrollo de los servicios turísticos en la actualidad
- Comprender las premisas para el manejo de la calidad como arma estratégica

Lugar y papel de la Calidad en el desarrollo de una estrategia de diferenciación

La necesaria sustitución del enfoque tradicional por el estratégico y el desarrollo de la dirección estratégica como fundamento de la actitud empresarial, condicionan la transformación de la concepción e inserción de la calidad en los procesos empresariales como arma estratégica. Lo anterior ha generado la acentuación de su papel en el desempeño de las organizaciones y su importancia, tanto en la fase de diagnóstico como de formulación de la estrategia, como vía que garantiza la subsistencia y mejoramiento competitivo de la empresa.

El enfoque estratégico en la calidad pretende diseñar cursos de acción que permitan tomar decisiones en función de objetivos que se desean alcanzar como ventajas competitivas sostenibles. De hecho, las empresas turísticas están convocadas a pasar de la etapa en que el mayor énfasis ha estado en el aprovechamiento de oportunidades cuantitativas a través del incremento de las capacidades y ofertas de precios más atractivos, hacia la satisfacción de aspectos cualitativos que le brinden una mayor utilidad, rendimiento del tiempo y dinero a sus clientes.

La adaptación de la gestión de la calidad al enfoque estratégico aceleró su conceptualización como sistema, en una de sus formas más actuales, como calidad total o dirección estratégica de la calidad. Juran define la dirección estratégica de la calidad como un enfoque sistémico desarrollado, implantado y dirigido por la alta dirección con el fin de establecer los objetivos de la calidad a largo plazo y definir el modo de alcanzar estas metas por toda la empresa[1], haciéndolo homólogo al concepto de TQM (Total Quality Management = Calidad Total o dirección de la calidad).

La Calidad Total es reconocida como la filosofía o estrategia global que, involucrando a todos los miembros de la organización, se orienta hacia la satisfacción del cliente interno y externo en términos de eficiencia (Criado1993).

El propio desarrollo del enfoque estratégico repercute en la transformación de una concepción tradicional a una más moderna de Calidad

Enfoque tradicional	Enfoque moderno
Identificación con control de calidad	Identificación con Calidad total
Inspección	Prevención
Afecta al bien o servicio	Afecta a todas las actividades de la organización
Responsabilidad del inspector	Responsabilidad de todos los miembros
Participa el departamento de control de calidad	Participación de todos
Carencia de cultura de calidad	Presencia de cultura de calidad

La Calidad total es un conjunto de principios que se estructuran y sirven de base al desarrollo de un plan de calidad total en una organización es decir que abarcan las áreas claves

- La gestión de la calidad total es una filosofía general que se puede adaptar a un entorno determinado y a una empresa determinada
- Todo los miembros de la organización comparten un objetivo común proporcionar productos y servicios que puedan satisfacer u exceder las necesidades de los clientes
- Lo anterior es importante como única vía de producir beneficios en el largo plazo Es un compromiso a largo plazo

---

1 Juran 1990 Juran y el liderazgo para la calidad

- La gestión de calidad total supone un sistema. Conjunto de filosofías y procesos integrados para alcanzar los objetivos empresariales mediante el logro de clientes y empleados satisfechos

Calidad total significa para una empresa producir un valor percibido por el mercado superior al de sus competidores. Los modelos de Calidad total sirven de base a los premios de mayor reconocimiento en el plano internacional como son:

- El premio Norteamericano Malcolm Baldrige
- Premio Europeo de la Calidad
- Premio Deming Nacional de Japón. El premio Deming es el más antiguo (instituido en 1951) y ha sido una pieza clave en la creación de la cultura de Calidad en Japón

Los premios en sentido general constituyen un conjunto de criterios estructurados en forma sistémica que suponen un reconocimiento a la existencia de la gestión total de la calidad en las empresas, organizaciones o personas que lo reciben

TQM (Total Quality Management) se concentra en el desempeño de la calidad en todas las facetas del negocio como primera estrategia para alcanzar y mantener una ventaja competitiva. Es un estilo de dirección centrado en el cliente que, a través de la planificación, organización y control de la calidad, persigue el mejoramiento continuo, no solo en la producción de los bienes y servicios, sino de los procesos, mediante la involucración de todos los miembros de la empresa.

La calidad es una fuente de diferenciación del servicio y se inserta en la proyección estratégica de los negocios que se desenvuelven en un mercado en el que concurren múltiples oferentes. En ese entorno, cada competidor busca disponer de un arsenal que implique una posición de ventaja frente a los demás, así como neutralizar las ventajas de los contrarios, tratando de encontrar un elemento singular o único con respecto a la competencia, suficientemente fuerte como para ser percibido como distintivo. Debe ser:

- Capaz de satisfacer las necesidades de los clientes mejor que sus competidores,

- De una manera duradera a pesar de los cambios del entorno y de la acción de los rivales,
- Con un beneficio razonable,
- Con la flexibilidad requerida,

El desarrollo de la calidad como fuente de ventajas competitivas en el marco de una estrategia de diferenciación requiere de la realización de un enfoque que, visto en sus grandes rasgos, sea capaz de:

- Identificar cuáles son los factores claves del éxito en el mercado.
- Conocer los puntos fuertes y débiles, así como el inventario de recursos y competencias.
- Desarrollar continuamente el Benchmarking.

La capacidad de una empresa para generar resultados depende, en el momento final, del nivel en que sus productos incorporen los atributos que los consumidores más valoran en su decisión de compra. La comparación de los vectores de atributos de productos competitivos en el mercado constituye una primera aproximación a la competitividad de una empresa turística.

El enfoque estratégico de la calidad más audaz supone la aplicación de la orientación al cliente y al mercado, pero en una dimensión proactiva que escape a la simple búsqueda de posiciones ya logradas por otros es la que se inserta en la concepción de crear las competencias por el futuro y no de las reglas que determinan la competencia actual.

Dicha orientación hacia el futuro exige conocer no sólo las bases de la competencia actual, la posición competitiva actual del negocio sobre el conocimiento de la satisfacción de los clientes y la acción para alcanzar una posición perdida o cimera. De lo que se trata es de transformar las reglas del juego, basados en la idea de desarrollar hoy las competencias esenciales que garanticen la posición deseada para el futuro. Una competencia esencial es la integración de un conjunto de cualificaciones y tecnologías que contribuyan realmente a la prosperidad a largo plazo de la empresa, las cuales cumplen los siguientes requisitos:

- Debe contribuir desproporcionadamente al valor que perciben los clientes.

- Debe ser fuente de diferenciación de los competidores.
- Debe ser fuente de desarrollo de nuevos productos.

Es indispensable que la empresa escape del mercado al que sirve y busque nuevas oportunidades en las necesidades sin expresar y sin explotar. Ésta fue la estrategia que le permitió a Japón no seguir una carrera desgastadora en los mismos segmentos de la competencia. Más que dejarse llevar por el cliente, las organizaciones competitivas lo conducen, mediante la creación de nuevos productos y mercados sobre la base de la búsqueda de nuevos nichos y nuevas oportunidades.

El manejo de la calidad como arma estratégica representa un estadio superior en el dominio de los productores del conjunto de sus relaciones económicas, que dimana tanto de su existencia objetiva como de la inserción de la misma en el mecanismo de realización de la esencia del sistema.

Lo anterior ha sido un resultado lógico e histórico de la experiencia capitalista, en la que la calidad como ha sido erigida en un pilar adecuado y correspondiente para el desarrollo del sistema en las condiciones de agudización de la competencia. Dicho proceso ha transcurrido por diferentes etapas de desarrollo que hasta la más avanzada que se prevé, puede ser enmarcado en:

- El proceso estratégico y aún más en los servicios, vale convencerse de que la variable estratégica de primer orden es la calidad del servicio.
- Las empresas en su mayoría apenas comienzan a entender los defectos de sus procesos para llegar a la satisfacción del cliente; por lo tanto, asumir la cuarta etapa es un desafío que sólo han vencido pocas organizaciones.

ETAPAS EN EL MANEJO DE LA CALIDAD COMO ARMA ESTRATÉGICA [2]

Etapas	Enfoque	Principales concepciones
Etapa 1: Calidad por conformidad	Enfocado a operaciones	Conformidad con los requerimientos Hacerlo bien desde la primera

---

[2] Adaptado de Bradley, 1996. Página 9.

		vez Disminuir mermas y retrabajo
Etapa 2: Satisfacción del cliente	Enfocado a clientes	Acercarse al cliente Entender necesidades y expectativas de los clientes Orientarse a los clientes
Etapa 3: Calidad y valor percibidos por el mercado en relación con la competencia	Enfocado a clientes del mercado en la mira y desempeño en comparación con la competencia	Acercarse más al mercado(clientes propios y de la competencia) Valoración del desempeño respecto a los competidores Orientarse al mercado
Etapa 4: La calidad como clave para la administración del valor para el cliente	Enfocado al papel de la calidad y el valor en el marco estratégico general	Monitorear la competitividad Alinear la organización entera en función del mercado proyectado

Premisas para el empleo de la calidad como arma estratégica.

El manejo de la calidad como arma estratégica es la síntesis de su existencia como forma económica, como valor compartido y como fuente de ventajas. El logro de la calidad como valor compartido no se alcanza al margen de la organización como forma económica, es por ello necesario conocer la naturaleza de cada plano en el que la calidad se realiza.

2. Calidad del servicio

La calidad del servicio fundamentos básicos. Una aproximación a diferentes alternativas en su concepción.

Objetivos:

- Aproximarse a la concepción de la calidad del servicio y su relación con la satisfacción del cliente
- Reflexionar sobre la necesidad y vías de integrar la demanda del cliente a la estrategia corporativa.
- Identificar las diferentes alternativas en la concepción de la calidad del servicio

APROXIMACIONES AL CONCEPTO DE CALIDAD

CALIDAD OBJETIVA	CALIDAD SUBJETIVA
• Visión Interna de la Calidad. • Enfoque de Producción / Oferta. • Adaptación a Especificaciones Preestablecidas. • Prestación sin Errores, Reduciendo Costes y Evitando Desviaciones Respecto al Standard Establecido. • Adecuada para Actividades Estandarizadas.	• Visión Externa de la Calidad. • Enfoque de Marketing / Demanda. • El Cliente Auténtico Juez de la Calidad. • Habilidad de la Empresa para Determinar las Necesidades, Deseos y Expectativas de los Clientes. • Actividades de Elevado Contacto con Clientes.

En ocasiones a nivel empresarial se utilizan los términos satisfacción y calidad como sinónimos y aunque los investigadores han realizado diferentes intentos para diferenciar ambos conceptos, la relación entre ambos no está clara (ZEITHAML y BITNER, 1996):

En unos casos se ha tomado como referencia el nivel de análisis argumentando que la satisfacción implica una evaluación realizada únicamente a nivel de cada transacción individual en vez de suponer un juicio global como la calidad del servicio. Se admite, por tanto, que satisfacciones sucesivas con un servicio acaban generando percepciones positivas sobre la calidad del mismo. Los detractores de esta opinión sugieren que el nivel de análisis no es un elemento diferenciador, puesto que la calidad de servicio y la satisfacción pueden ser examinadas tanto desde la perspectiva de una transacción específica como desde un punto de vista global (TEAS, 1993; PARASURAMAN, ZEITHAML y BERRY, 1994a).

En otros casos se ha planteado que ambos conceptos son diferentes y que uno de ellos necesariamente será la causa y el otro el resultado. Si admitimos que la satisfacción es un antecedente de la calidad de servicio (BOLTON y DREW, 1991), se puede establecer que satisfacciones sucesivas acaban generando percepciones positivas sobre la calidad del mismo, tal y como se ha sugerido con prioridad (ver Figura 2). También existen opiniones en sentido contrario indicando que una mayor calidad de servicio permitirá aumentar la satisfacción del consumidor, tal que la primera debe ser tratada como un antecedente de la satisfacción (SPRENG y MACKOY, 1996). Incluso hay estudios que han observado que para categorías de productos concretas puede existir una relación bidireccional entre ambos conceptos (TAYLOR y CRONIN, 1994).

SATISFACCIÓN Y CALIDAD DE SERVICIO PERCIBIDA

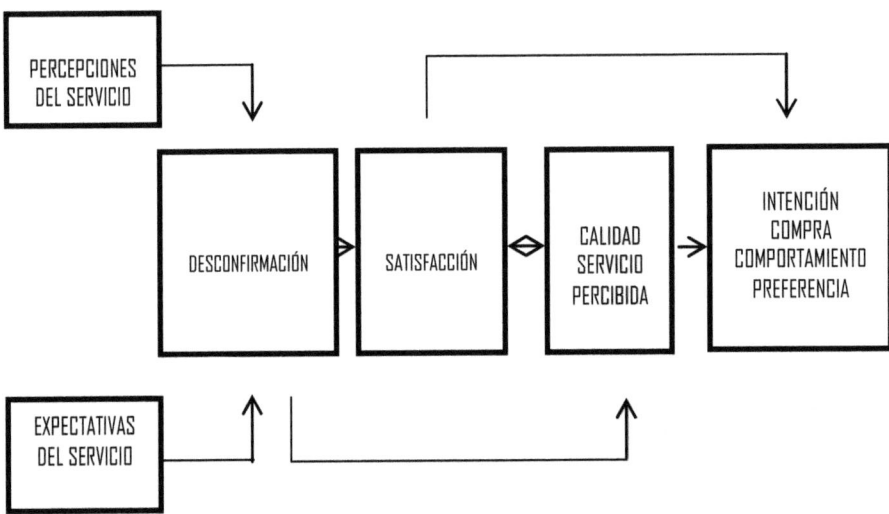

Finalmente, otra distinción es que la percepción de calidad puede ocurrir en ausencia de experiencia, mientras que la satisfacción únicamente puede valorarse una vez que la experiencia de compra ha tenido lugar. De todos los intentos comentados, este último parece el más razonable. Como indican RUST y OLIVER (1994) las percepciones de calidad no requieren experiencia con el servicio, pero la satisfacción es totalmente experimental, sólo después de una experiencia de consumo es posible valorarla.

Ahora bien, cualquiera que sea la perspectiva adoptada el debate no está resuelto y son necesarias investigaciones adicionales para llegar a un consenso (SPRENG y OLSHAVSKY, 1993). Además, dichas investigaciones también deben ampliarse para comprender en qué medida tanto la calidad de servicio percibida como la satisfacción influyen en la intención de compra (TAYLOR y BAKER, 1994), el comportamiento de compra y la preferencia por un determinado proveedor del servicio (ZEITHAML, BERRY y PARASURAMAN, 1996).

En lo que sí parece haberse logrado un cierto acuerdo es en la idea de que la calidad de servicio y la satisfacción son conceptos diferentes que deben ser objeto de medición cuantitativa antes de plantear la relación existente entre ambos. Por ello proponemos analizar la calidad de servicio de una empresa detallista con el objetivo de que las conclusiones obtenidas sirvan como referencia para analizar la influencia mutua entre calidad y satisfacción, así como para determinar el orden causal de su relación.

En este sentido, lo que sí parece evidente es que el concepto de calidad de servicio se vincula a los de percepciones y expectativas. La calidad de servicio percibida por el cliente es la resultante de comparar las expectativas sobre el servicio que va a recibir y las percepciones de las actuaciones de las empresas detallistas. Si la prestación supera las expectativas, el servicio proporcionado por las empresas detallistas será considerado como excelente; si sólo la iguala será visto como buena o adecuada; y si no llega a cubrirlas, entonces el servicio será catalogado como malo, pobre o deficiente.

Cronin y Taylor 1992 sugieren que la calidad del servicio es un antecedente de la satisfacción del consumidor, y que la satisfacción del consumidor ejerce una influencia más fuerte en las decisiones de compra que la calidad del servicio. Además los directivos empresariales deberían poner énfasis en los programas de satisfacción total del cliente, por encima de las estrategias centradas exclusivamente en la calidad del servicio.

Para evaluar la calidad, es necesario contar con un sistema diseñado para la obtención, uso y retroalimentación de la información. Uno de los instrumentos más empleados es la encuesta de satisfacción de cliente.

La discrepancia entre expectativas y percepciones también se conceptualiza como una variable multidimensional. Desde esta perspectiva, una aportación que ha suscitado gran atención ha sido la realizada por PARASURAMAN, ZEITHAML y BERRY (1988). Estos autores han desarrollado una escala denominada SERVQUAL que operacionaliza la calidad de servicio mediante la diferencia entre expectativas y percepciones valorando ambas en relación a 22 ítems representativos de cinco dimensiones de calidad no necesariamente independientes.

Según Parasuraman Zeinthal y Berry, en 1988, calidad del servicio es el juicio global del consumidor acerca de la excelencia o superioridad global del producto o servicio.

"El nivel de calidad de un servicio es igual a la diferencia positiva o negativa que se produce entre la prestación del servicio y la expectativa de los clientes".

Los principios en que se basa la ecuación son:

- Los clientes llegan al momento de la prestación con una serie de expectativas que representan lo que ellos esperan recibir con el servicio.
- Las expectativas constituyen el baremo o parámetro con el que los clientes miden la calidad de un servicio.
- La calidad de un servicio se juzga no en términos de los criterios internos de la empresa, sino en función de cómo lo perciben los clientes en el momento de la prestación.

La satisfacción es positiva cuando el juicio de la calidad percibida es positivo, es decir, la satisfacción está en función de la calidad.

En la evaluación de la calidad intervienen tanto las opiniones derivadas del servicio recibido como de las expectativas que el cliente traía al entrar en contacto con las actividades de servicio.

Los resultados de la ecuación son:

La prestación no satisface las expectativas del cliente.

EXPECTATIVAS = PRESTACIONES
La prestación satisface las expectativas del cliente.
El servicio es considerado bueno, aceptable.

EXPECTATIVAS > PRESTACIONES
El servicio es considerado malo, pobre, deficiente.

EXPECTATIVAS < PRESTACIONES
La prestación supera las expectativas del cliente.
Excelente, satisfactorio, engendra experiencias legendarias.

La satisfacción tiene una base estrictamente personal: un mismo servicio puede ocasionar juicios y evaluaciones distintas en clientes diferentes. Se trata de poder flexibilizar la respuesta de los prestadores, teniendo en cuenta dichas especificidades.

El servicio es una actividad de una elevada naturaleza social, en la que la relación con el cliente ejerce una incidencia vital en su efectividad, la cual depende básicamente de la capacidad de sus prestadores para producir experiencias únicas en el mismo acto de su creación.

Un servicio podrá ser mejorado por modificaciones, tanto en el que se presta, como a través del cómo se realiza:

1. Puede diferenciarse por mejorías cuantitativas o adiciones de prestaciones que reportan un mayor valor añadido.
2. Por cambios en el aspecto tecnológico en la dimensión operacional, ya sea por el equipo o por el sistema mediante el cual se ofrece el servicio.
3. Por transformaciones en el aspecto relacional, es decir, por el modo de hacer funcionar el servicio, por las experiencias que sean capaces de crear a los clientes, lo cual estará en función de las dimensiones que se pongan de manifiesto como valor añadido para éstos, que haga al servicio prestado exclusivo.

Los cambios cuantitativos o en el aspecto tecnológico son más fáciles de imitar que las últimas fuentes de orden cualitativo o cultural del servicio. La búsqueda de ventajas competitivas basadas en el desarrollo de los factores distintivos en el orden cualitativo (fuente III) posee un mejor efecto para la creación de barreras de entradas y menores requerimientos económicos. En las condiciones de un país con recursos humanos con alto nivel de calificación y de escasos recursos financieros y materiales, sus ventajas deben estar en la dirección de transformar el componente humano en su principal activo.

Es importante entender que, en un entorno competitivo, crear valor es una capacidad clave que deben desarrollar las empresas cuyo proceso se asienta en un grupo de consideraciones, como son:

- Las empresas tienen que ser guiadas en términos de creación de valor para todos los implicados.
- Son exclusivamente las personas las creadoras de valor, no las instalaciones o las finanzas, como se ha creído.

- Las formas específicas de generación de valor son: la aportación de los conocimientos y las habilidades o cualidades únicas de los trabajadores, la creación y transmisión de conocimientos, la toma de decisiones, la comunicación y el trabajo en equipo, la aportación de iniciativas, etc.
- Cuantas más personas aporten valor por estas nuevas vías, mayor será la competitividad y la capacidad de generar beneficios de las empresas. El costo, aunque sigue siendo importante, se subordina a la creación de valor.
- El principal beneficiario de la aportación de valor a través de las nuevas vías señaladas no es la empresa, ni sus clientes o accionistas, sino las personas mismas que lo generan. No sólo por la mayor retribución económica que deben percibir, que también cuenta, sino porque mediante el trabajo creador desarrollan su propia personalidad, sus propias competencias y su imagen, tanto la social como la subjetiva e íntima.

A pesar de estos postulados, las empresas han avanzado mucho en el descubrimiento de nuevas formas de creación de valor a través del desarrollo de nuevos negocios, más que en la investigación y definición de las formas específicas, a través de las cuales las personas, individualmente o en grupo, crean riqueza y hacen florecer los negocios. Quienes avancen por esta senda contarán con una nueva y poderosa ventaja competitiva inimitable y altamente valorada por los clientes.

El despliegue del componente humano como el núcleo duro para el éxito en la gerencia de los servicios, demanda:

- Inversión en los recursos humanos a largo plazo, a cuenta de la empresa y para la innovación permanente del servicio.
- El desarrollo de las personas y su dotación con las competencias laborales necesarias.
- El personal altamente motivado con predisposición positiva a servir y producir experiencias favorables.

Para la materialización de dichos propósitos es indispensable que se atienda la calidad en los planos en que se desenvuelve y en todas sus interacciones de forma tal que su existencia como forma económica, sea una vía de su reforzamiento como valor compartido y como Calidad Total, cuya salida más importante sea el desarrollo cualitativamente superior del componente humano.

El gran reto para alcanzar este estado deseado es no desconocer tanto las bases que condicionan su existencia objetiva como la factibilidad y vías de su utilización consciente, en su interacción con el sistema de las relaciones económicas que se materializan en el eslabón y que son determinantes de su éxito.

La disquisición de la calidad como un acto de desarrollo de la conciencia, como una filosofía o cambio de mentalidad, al margen de los nexos de última instancia que se derivan de su sitio en el conjunto de las relaciones económicas, ha propiciado la copia de experiencias parciales, desprovistas de la sistematicidad necesaria, que no han tenido el resultado esperado en contraste con las "condiciones superiores" que desde el punto de vista de su naturaleza presenta el socialismo.

La calidad percibida no es más que la superioridad o excelencia total que un cliente reconoce en un producto o servicio. Las percepciones no son más que los juicios que los clientes hacen de un producto o servicio, es decir, son las creencias de los consumidores acerca de un servicio recibido.

Los tipos de calidad percibida por el cliente pueden ser:

- *Calidad que se espera:* Son las características que los clientes dan por supuestas y que, por tanto, no solicitan explícitamente; se ofrecen y no generan satisfacción; sin embargo, su ausencia provoca insatisfacción.
- *Calidad que satisface:* Se refiere a aquellas características o peculiaridades que los clientes solicitan. Su ausencia es fuente de insatisfacción.
- *Calidad que deleita*: Incluye las características que los clientes no solicitan porque no saben que existen, sobrepasan sus expectativas.

Los estados de satisfacción de los clientes pueden ser considerados como:

<u>Excitación:</u> Puede alcanzarse porque las prestaciones son superiores a sus expectativas, o el nivel de esfuerzo esperado es superior al alcanzado, o el nivel de expectativas es bajo.

Satisfacción: Las expectativas han sido igualadas con las prestaciones recibidas. La transacción ha sido adecuada y el esfuerzo del cliente para recibir el servicio está en correspondencia con el esperado.

Irritación: Aunque la transacción ha concluido felizmente, hubo faltas en los encuentros iniciales o en los esfuerzos que el cliente tuvo que realizar.

Insatisfacción: El encuentro con los proveedores no ha tenido éxito, no cubre sus expectativas. El esfuerzo realizado por el cliente es superior al esperado.

Enfado: El cliente siente que el proveedor no ha cubierto sus expectativas y la inversión realizada en tiempo o dinero no ha sido positiva para él.

Diversos autores precisan un conjunto de elementos que inciden en la calidad percibida por los clientes:

- La percepción positiva de manera sostenida acerca de la realización o desempeño del servicio está influenciada por la promesa realizada.
- Cualquiera de los elementos de las prestaciones inciden en sus percepciones. El cliente se forma una visión global del servicio, es decir, la percepción negativa de uno de ellos tiende a trasladarse al conjunto.
- La percepción negativa que genera un elemento del servicio sólo puede ser contrarrestada con muchos elementos positivos (se dice que de 1 a 12 es la relación).
- Cuantos más elementos secundarios al servicio estén contenidos en la promesa realizada al cliente, más posibilidades hay de que generen una percepción negativa.
- Los servicios cuyos elementos intangibles son superiores tienen una mayor posibilidad de generar una percepción negativa.
- Cuanto mayor sea el grado de interacción del cliente con el personal, mayor será la posibilidad de riesgo.
- Cuanto mayor sea el grado de personalización del servicio con respecto a su estandarización, crecerán las posibilidades de percepciones negativas.
- Puede existir un desfase temporal entre las prestaciones objetivas y las percepciones de insatisfacción.

La investigación sobre la calidad del servicio debe cubrir los siguientes planos:

- ¿Qué servicios estamos dando actualmente a nuestros clientes?
- ¿Qué servicios quieren tener los clientes, tanto actuales como potenciales?
- ¿Qué servicios brinda la competencia y cómo lo hace?

La respuesta a estas interrogantes tiene su espacio en la concepción del modelo que corresponde a las etapas 3 y 4 de administración de valor para el cliente, el cual se presenta a continuación:

Modelo de administración de valor para el cliente	
Concepción básica Cómo seleccionan los clientes entre proveedores que compiten:	El Valor no es sino calidad, como quiera que el cliente la defina, ofrecida a precio justo. • El cliente compra valor • El valor es igual a la calidad relativa al precio • La calidad incluye todos los atributos aparte del precio La calidad, el precio y el valor son relativos
Instrumentos principales	Perfiles de calidad y precio percibidos por el mercado
Autores	Bradley T. Gale
Etapa	3ra. y 4ta. Etapa

La aplicación del modelo de valor para el cliente significa la transformación o superación de los indicadores que miden en la actualidad el enfoque de clientes de las organizaciones. A continuación se precisan los cambios correspondientes a este modelo:

ADECUACIÓN DE LAS MEDIDAS DEL DESEMPEÑO ORGANIZACIONAL PARA LA ETAPA DE ANÁLISIS DEL VALOR PARA EL CLIENTE [3]

De:	A:
Satisfacción del Cliente	Razón de la calidad percibida
Razón de repetición de compra	Medidas de los precios
Razón de recomendación	Peso de la calidad comparada
Conservación de lealtad	Razón del valor para el cliente
	Índice de alineación global

Las empresas que optan por el Premio a la Calidad *Malcolm Baldrige* se deben encontrar en la etapa de "Análisis del valor para el cliente". Esta etapa, como se aclara más arriba, es superior a la de "satisfacción del cliente".

En sentido general, la medición absoluta de la satisfacción del cliente no es suficiente para la implantación de una estrategia competitiva, en un entorno en que los clientes tienen un alto poder negociador y eligen los productos o servicios. El análisis de la calidad comparada o relativa es la base para el diseño de acciones de mejoramiento que propicien administrar la generación del valor que realmente puedan ser apreciados por los clientes como superior a la competencia.

Existe evidencia empírica de que los gestores aprecien de forma sobre valorada la calidad que ofrecen en relación con la que consideran los clientes. Los análisis estratégicos en las actividades de turismo han estado apoyados fundamentalmente en el criterio interno de los gestores, teniendo como carencia o limitación la no profundización de los mismos, orientados al mercado y hacia la competencia, a través de la medición de las percepciones del cliente sobre los resultados de su desempeño.

Vías para el fortalecimiento del enfoque de cliente	
De la situación actual	**A la situación deseada**
Para alcanzar posiciones perdidas o alcanzadas por otro(equipararse)	Para sentar posiciones nuevas(ser diferentes)
Centrado en la búsqueda de insatisfacciones	Centrado en las fuentes de mejora

---

3 Adaptado de Bradley. Descubra el... Pág. 348

Se centra en las expectativas	Creación de nuevas experiencias no conocidas, no explotadas
Percibir quejas como amenazas	Percibir quejas como oportunidad
Desestimulo a la queja, peligro de fraude	Estímulo a la queja
Resultados base para la gestión en el corto plazo	Resultados para el mejoramiento de la gestión en el largo plazo

3. Carácter multidimensional de la calidad del servicio. Particularidades de su gestión

Particularidades de la calidad en los servicios El triángulo de los servicios Criterios de diferenciación de los servicios y especificidades para la gestión. Momentos de la verdad en la atención al cliente. Variables relacionales y operacionales en la prestación del servicio

Objetivos:

- Adquirir criterios para transformar la organización en un centro de servicio al cliente.
- Definir la interrelación de la atención al cliente con la estrategia de elevación de la calidad del servicio
- Captar el papel del triángulo de los servicios en la estrategia de diferenciación por calidad
- Comprender el servicio como proceso y la importancia de distinguir los momentos de la verdad en las decisiones de organización y prioridad de aspectos relacionales y operacionales

Los servicios son básicamente intangibles. Son experiencias más que objetos, se hace difícil establecer especificaciones precisas que permitan estandarizar su calidad pues los criterios que usan los usuarios para evaluarlas pueden ser muy complejos y no resulta fácil delimitarlos con precisión. Además, los servicios son heterogéneos y la prestación varía de un productor a otro, de un cliente a otro y de un día a otro.

La producción y el consumo de muchos servicios son inseparables. Normalmente los clientes se encuentran allí donde éstos se producen, observando y evaluando el proceso de producción a medida que experimentan el servicio. Además, el propio usuario es una parte fundamental para la correcta prestación del mismo.

En este contexto, adquiere gran importancia la investigación que las empresas llevan a cabo acerca de las actitudes y comportamientos de sus clientes. Este interés se explica por la relación que tiene su conocimiento con la prosperidad y la rentabilidad de la organización. Para suministrar servicios que los clientes perciban como excelentes es necesario conocer qué es lo que ellos esperan recibir. El desconocimiento de estos aspectos puede llevar a inversiones en tiempo, dinero y otros recursos en temas que no tienen importancia para los usuarios, y puede dañar la capacidad de la empresa para sobrevivir en un mercado altamente competitivo.

En el servicio hacerlo bien desde la primera vez tiene una mayor connotación porque:

- El cliente carece de la posibilidad de probar el producto antes de adquirirlo,
- No es posible hacerle una demostración,
- Un servicio defectuoso ni se puede revender ni se puede reparar.

La creación del servicio constituye un proceso cuyos elementos básicos conectados en relación de exclusión y presuposición aparecen bien vinculados en lo que se denomina el triángulo de los servicios (Karl Albercht 1985).

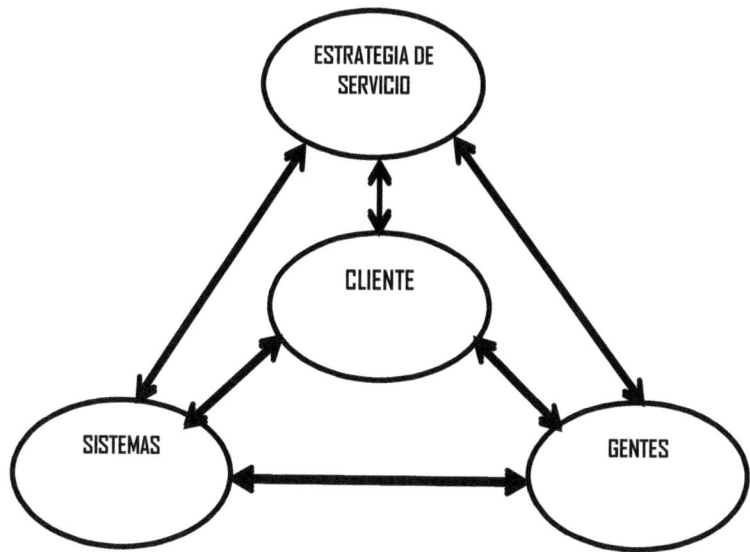

Cliente: El servicio debe estar en función del cliente para satisfacer sus necesidades verdaderas.

Estrategia: Es la visión o filosofía que se utilice para guiar todos los aspectos del suministro del servicio.

Sistema: Engranaje de mecanismos comunes que componen el todo y que lo hacen flexible ante la dinámica del entorno, por lo que deben ser diseñados de manera simple, rápida y a prueba de contingencias.

Personas: Es el elemento más importante en el suministro del servicio por ser portadores vivos de la imagen de la organización, lo que requiere el diseño de políticas específicas para su administración.

El triángulo refleja que el centro de atención debe ser el cliente, la estrategia que se trace debe tener como enfoque filosófico al cliente y sus necesidades y para que esto pueda lograrse tiene que disponerse del personal competente donde todos los miembros de la organización - y no sólo los que le sirven directamente- tienen un impulso hacia el centro, están conscientes de la estrategia planteada y dependen del sistema derivado lógicamente de ella que pueda garantizar que se efectúen las prestaciones con la calidad requerida.

El desarrollo y diversificación de los servicios permite y obliga en su tratamiento diferenciado a distinguir las peculiaridades que poseen y extraer de ellos las consecuencias que se derivan para la dirección de los mismos.

Un atributo muy importante en la diferenciación de la dinámica de los servicios lo constituye el grado de contacto con el cliente, que se mide por el porcentaje de tiempo que éste permanece en el sistema como fracción del tiempo total que se necesita para producir el servicio. Se considera servicios de alto contacto aquellos en los que el cliente incide en el ritmo, las peculiaridades y hasta en la eficiencia del servicio, lo que hace de éste un atributo base para su concepción y diseño.

La estrategia del servicio tiene que ser capaz de crear las condiciones que propicien que el cliente colabore y sea una fuente de incremento de la eficiencia.

Según Jan Carlzon, quien fuera Presidente de la S.A.S., "la compañía existe en la mente de sus clientes durante aquellos casos en que éstos entran en contacto directo con aspectos específicos de su operación, los que constituyen "Momentos de la Verdad" para la empresa". Esto implica que en cada uno de estos encuentros individuales y únicos el cliente se forma una impresión sobre la calidad de los servicios brindados por la organización, lo que influye en su valoración general de la misma.

Es importante identificar los "Momentos de la Verdad" a fin de:

1. Alinear todas las personas, todos los recursos para crear el mejor impacto posible sobre la percepción de la calidad del servicio,
2. Definir los puntos más importantes en el contacto con el cliente y situar el personal de más calificación y aptitud de servicio en dichos puestos,
3. Enrolar alrededor de estos puntos la actividad del personal de soporte que no entra en contacto con el cliente pero cuya actividad es imprescindible para la garantía de la calidad del servicio,
4. La realización del inventario de los "Momentos de la Verdad" permite a los gerentes concentrarse en ellos, no desperdiciar esfuerzos en su gestión itinerante y ayudar al personal a dominar dichos momentos y salir airosos.

En el éxito de los "Momentos de la Verdad" intervienen muchos niveles de la organización.

Es necesario lograr, y constituye de hecho un desafío, que el personal interno de una organización, cualquiera sea su rango y actividad, piense, hable y actúe en función de cuál es su participación o contribución en el éxito del negocio en que se encuentra desde la perspectiva del cliente.

Los sistemas de servicio están un tanto diferenciados por el grado de interacción con el cliente y a partir de éste se desprenden un conjunto de características necesarias a tener presente en su gestión.

La estrategia del servicio define cuál es el negocio en el que se encuentra la organización, teniendo en cuenta los niveles de desarrollo y de competencia en el orden interno e internacional, así como de definición de los estándares que se propone alcanzar.

La estrategia de mejoramiento continuo determina un reto permanente para los estándares existentes, que de hecho tienen límites en el tiempo y exigen ser revisados. Toda norma de calidad tiene un carácter temporal y reclama de su medición periódica.

La estandarización es una forma de difundir los beneficios del mejoramiento por toda la organización. El estándar es la base del perfeccionamiento de los procesos, así como de la gerencia y de la conducta de los trabajadores, por lo que debe ser de total conocimiento de ellos y el papel de la administración radica precisamente en ver que se trabaje teniendo en cuenta los estándares establecidos, lo que significa disciplina.

La realización del servicio tiene lugar a través de un conjunto de variables que se clasifican en

Variables relacionales: La forma en que las personas se relacionan entre sí en la cadena de servicio y en especial, en su relación con el cliente

Variables operacionales: Conformada por sistemas, tecnologías y procedimientos aporta la estructura y organización necesaria para lograr consistencia y eficiencia.

4. La medición de la calidad del servicio punto de partida para su proyección estratégica

La evaluación de la calidad en los servicios. Vías de retroalimentación de la satisfacción del cliente. La Encuesta de Satisfacción. Técnicas de análisis y registro de sus resultados y de las causas y factores condicionantes de los niveles de calidad alcanzados

Objetivos

- Conocer las vías de retroalimentación de cliente
- Identificar las técnicas para la profundización de causas de la insatisfacción de los clientes y el diseño de acciones para la mejoría de la calidad

Es necesario contar con un sistema diseñado para la obtención y uso de la información de Calidad mediante investigaciones de clientes. Uno de los problemas críticos que se presentan en la búsqueda de la satisfacción del cliente es cómo saber lo que les gusta o disgusta del servicio recibido.

No basta simplemente con saber quiénes son los clientes, hay que averiguar además cuáles atributos del servicio que se oferta son más importantes para ellos y qué y cómo estamos haciendo para satisfacer sus requerimientos.

La retroalimentación de los clientes es una forma organizada para saber:

- ¿Hasta qué punto están satisfechos?
- ¿Qué piensan realmente?
- ¿Qué les gusta más del servicio?
- ¿Qué no les gusta?
- ¿Cuáles son sus quejas más comunes?
- ¿Qué sugerencias tienen para que mejore el servicio?

Una retroalimentación adecuada tiene que ser:

- Continua,
- Específica,
- Centrada en el cliente,

- Puntualmente disponible,
- Enfocar puntos vitales,
- Disponible para todo el personal.

Para conocer quiénes son sus clientes y qué desean es necesario elaborar el **perfil del cliente** considerando (edad, sexo, nivel de educación, actitudes, preferencias, expectativas y normas / hábitos sociales) que van a determinar su comportamiento en los momentos en que estará en contacto con la organización.

Algunos de los instrumentos más empleados para la retroalimentación de los clientes son:

- Entrevistas con grupos focos,
- Contactos informales con clientes,
- Contactos formales y/o informales con el personal de contacto a través del trabajo en grupo con los trabajadores de línea o un sistema de información interna con los empleados,
- Buzón de sugerencias,
- Libro del cliente,
- Encuestas de satisfacción del cliente.

La encuesta, a diferencia de otros instrumentos, nos permite recopilar opiniones de un número relativamente grande de clientes y, si está bien elaborada, ayudará a ahorrar tiempo, recursos y esfuerzos, además de obtener información verdaderamente útil.

El resultado es un perfil de las preferencias de los clientes con relación al servicio, sus actitudes frente al negocio y un análisis de su comportamiento con respecto a los servicios recibidos.

La determinación de las necesidades y expectativas de los clientes supone el conocimiento de las dimensiones de la calidad del servicio en cuestión y aquellas que resultan vitales en la decisión de compra del servicio

Estos resultados deben llevarnos a una mayor definición de los atributos claves del servicio que se está ofreciendo. Cada servicio presenta dimensiones de calidad específicas que se derivan de las particularidades de su desarrollo operacional
Previo a la determinación del cuestionario de satisfacción es conveniente efectuar entrevistas con clientes que le permitan

comprender la masa de incidentes críticos. Los incidentes críticos son los ejemplos específicos que representan buena y mala calidad del servicio para los clientes

El incidente puede ser referido a los momentos de la verdad, es decir los contactos del cliente con los proveedores, y representan los aspectos negativos y positivos en la creación del servicio. La calidad del servicio es un proceso de múltiples momentos que de conjunto producen los niveles de satisfacción que determinan la fidelización de los clientes y por tanto la prosperidad del negocio

El desarrollo de las dimensiones de la calidad constituye el proceso de determinación de las necesidades y exigencias de los clientes

Para evaluar la calidad, es necesario contar con un sistema diseñado para la obtención, uso y retroalimentación de información presente en investigaciones de clientes. Uno de los instrumentos más empleados es de la encuesta de satisfacción de cliente.

A continuación, se hará una descripción detallada de alguno de los instrumentos de medición de la satisfacción que se han producido hasta ahora en el sector de los servicios. Estos serán clave para el diseño de un instrumento propio de medición.

Resulta conveniente la elaboración del listado de atributos del servicio, producto o destino, e identificar o clasificar con respecto a la competencia con el propósito de:

- Elaborar un perfil de calidad percibida en el mercado.
- Mostrar qué competidores se desempeñan mejor en cada uno de los aspectos de la calidad.
- Ofrecer medidas de desempeño de los prestadores con criterios de los clientes.
- Definir acciones de mejoramiento que reporten adición de valor al cliente.

Para cuantificar las percepciones de los clientes deben ser elaborados instrumentos particulares adecuados a cada tipo de servicio. En sentido general, los aspectos que deben tenerse en cuenta son:

Atributo:	Es la característica del servicio que incide en la compra del mismo.
Peso:	Define la importancia del atributo en la decisión de compra para el cliente.
Calidad absoluta:	Define el índice de satisfacción del cliente con el servicio recibido por dichos prestadores.
Calidad relativa:	Identifica la calidad comparada con respecto a los competidores.
Calidad y precio	Son dos variables a diferenciar para llegar a conocer el lugar de cada una en las decisiones de compra del cliente.

El control de las encuestas a clientes tiene que ser una vía de retroalimentación y mejoramiento del servicio. La utilización en sí misma como vía de evaluación del desempeño de los cuadros y mandos intermedios así como para la medición de la satisfacción puede ser una práctica nociva que comprometa el fin último para el cual deba ser utilizado.

Puede crearse un clímax en el que:

- El cliente se convierta en un aliado que sea utilizado para reinventar el negocio.
- El cliente se vea como un enemigo que sólo sirve para dar quejas.

Existe un desmedido control encaminado a los aspectos negativos de la calidad y de las insatisfacciones. Es conveniente razonar: ¿Se utiliza el control de las mejoras?

La evaluación de la calidad es un paso en la determinación de las expectativas y percepciones de los clientes con vistas al diseño de la misma.

La organización tiene que utilizar la encuesta de clientes como la vía de introducir su voz, su exigencia en las prestaciones del servicio, en el diseño y concepción de sus características.

Las organizaciones deben entender que gestionar la mejora de la calidad de los servicios en los que están involucrados debe hacerse por dos vías:

- Actuar sobre el desempeño organizacional y las percepciones de los clientes.
- Actuar sobre las expectativas.

Una gestión adecuada de la calidad debe tener como base:

- Conocimiento de las necesidades y expectativas del cliente, comprender aquellos elementos del servicio que el cliente percibe como valioso;
- Fijar los estándares de calidad para las prestaciones del servicio en correspondencia con las expectativas del cliente. Debe tenerse presente que añadir más valor u utilidad de la que él espera puede constituir un despilfarro;
- Si el estándar es percibido por el cliente como mejora y satisfacción puede ser considerado base de la elevación de la calidad de las prestaciones;
- Antes de las prestaciones del servicio el proveedor debe dar un mayor realismo a la necesidad señalada;
- Comprender en el proceso los problemas que el cliente percibe;
- Involucrar al cliente en el proceso de reinventar e innovar el servicio, así será mayor el realismo que tendrá en sus expectativas;
- Es importante que la promesa esté en correspondencia con las especificaciones y estándares del servicio;
- La información al cliente antes y después de las prestaciones sobre el progreso alcanzado y la promesa.

Evaluar la satisfacción o los estados de satisfacción del cliente es la base para emprender acciones estratégicas para la mejora:

1) Comprender las fuentes de insatisfacción, invertir en ellas los recursos necesarios pues es necesario erradicarlas radicalmente.
2) Comprender cuáles atributos o elementos del servicio pueden ser manejados como fuente de excitación e invertir en ellos.
3) Conocer en cuáles la competencia se está desempeñando peor y ofrecerlo.
1) Saber cuáles atributos o elementos del servicio aunque causan excitación no tienen una adecuada realización costo /beneficio y sacrifican una inversión superior a las expectativas del cliente.

Técnicas en el análisis de las causas y acciones de mejoras de la calidad y el análisis de los factores condicionantes del nivel de calidad

Diagrama Causa - Efecto: Ideado por el profesor Kaoru Ishikawa de la Universidad de Tokio en la década del 40, es un método de control de la calidad que se extendió por todo el Japón y más tarde a otros países. Denominado en ocasiones Diagrama de Ishikawa, puede aplicarse a la solución de cualquier problema interno de la empresa. Es una guía para la acción concreta y su empleo eficaz constituye un paso primordial para fomentar las actividades de control de la calidad.

Este diagrama se construye para ilustrar con claridad las diversas causas que afectan la calidad del producto o servicio, clasificándolas por familias y subfamilias y vinculándolas entre sí, como se muestra en la siguiente figura:

Construirlo es educativo. Se debe recabar ideas de la mayor cantidad de personas posibles, donde las preguntas claves son: ¿Cuáles son las causas de la no satisfacción de los clientes?, ¿Qué relación existe entre ellas y qué efecto tienen sobre la calidad?

Diagrama causa-efecto (espina de pescado):

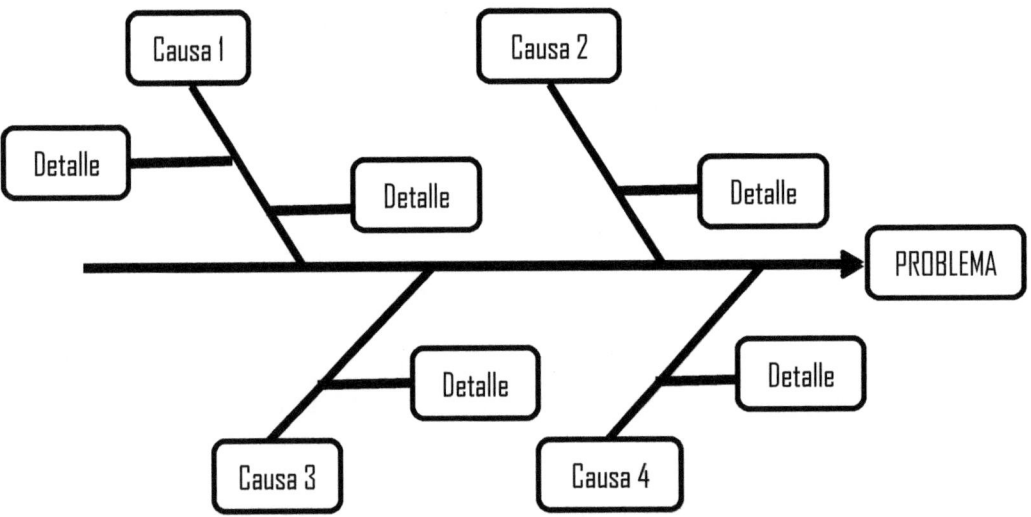

Cuando hay un Diagrama de Causa-Efecto como centro de las discusiones, todos saben de qué se está hablando y hasta dónde se ha avanzado en el tratamiento del problema al servir de punto de referencia a todas las acciones llevadas a cabo.

Pasos generales para la construcción de Diagramas de Causa-Efecto:

1. Decidir la característica de calidad que se desea mejorar y controlar (clientes no satisfechos).
2. Indicar los factores más importantes que pueden causar la no satisfacción del cliente y cada uno de ellos formará una rama.
3. Incorporar a cada una de esas ramas los factores detallados que se pueden considerar causas, los que formarán las ramificaciones menores. En cada una de ellas añadir factores aún más detallados, trazando ramas cada vez más pequeñas.
4. Es preciso verificar que todos los factores que pueden causar insatisfacción al cliente estén incluidos en el diagrama. Si lo están y si han quedado adecuadamente ilustradas las relaciones entre causas y efectos, el diagrama está completo.

Diagrama de Pareto:

El método de Pareto permite analizar de manera muy simple las situaciones susceptibles de mejora. Su objetivo es determinar la importancia relativa de los problemas para clasificarlos por orden decreciente de importancia y establecer el diagrama en columnas representativas de esta clasificación para hacer aparecer el problema sobre el cual recaerá el esfuerzo, o sea, indica qué problema se debe resolver primero al eliminar defectos y mejorar las operaciones.

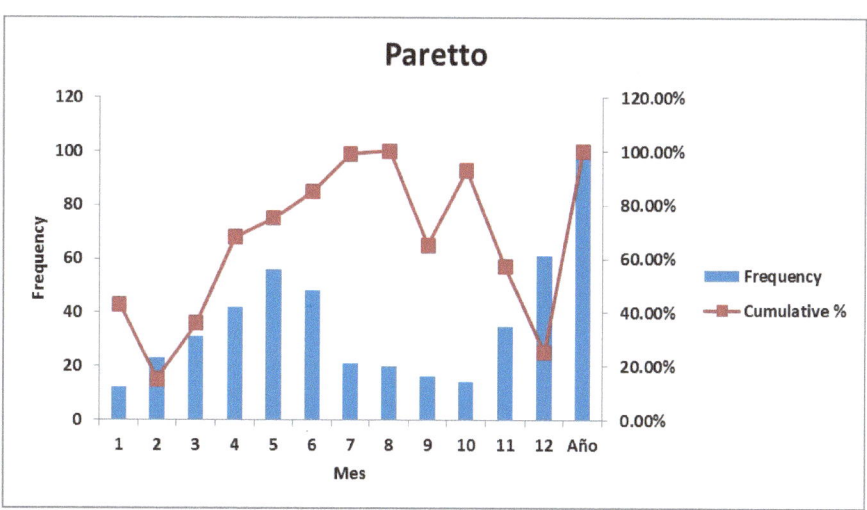

Un Diagrama de Pareto es el primer paso para efectuar mejoras, por lo que es importante obtener la cooperación de todas las personas implicadas, lograr un resultado considerable y escoger una meta concreta.

Si los trabajadores tratan de lograr mejoras en forma individual pero sus esfuerzos carecen de una base definida, un gran despliegue de energía arrojará escasos resultados.

El Diagrama de Pareto es muy útil para obtener la cooperación de todos los involucrados porque un simple vistazo permite percibir en qué consiste el problema principal: Las dos o tres barras más altas son las que corresponden a la mayor parte de los problemas; las más pequeñas señalan causas menores.

De la misma forma, su aplicación periódica mostrará si los esfuerzos realizados arrojan resultados satisfactorios, lo que se vería representado por una disminución de la altura de las barras de los problemas sobre los que se ha trabajado.

Como debemos conseguir resultados con recursos, mano de obra y tiempo limitados, es menester colaborar en la obtención de mejoras concentrándonos en metas valiosas, es decir, en las barras más altas del diagrama.

Pasos generales para la construcción de Diagramas de Pareto:

1. Establecer la lista de problemas (Causas de la no satisfacción de clientes).
2. Valorar o cuantificar la importancia de cada uno de ellos (Frecuencia absoluta con que se presenta).
3. Hacer la suma de los valores obtenidos y calcular para cada uno de ellos su parte en porcentaje relativo.
4. Clasificar los porcentajes obtenidos por valor decreciente.
5. Representarlos gráficamente mediante un diagrama de columnas. (Trazar el grafo de los valores acumulados).

5. El Benchmarking como herramienta en el mejoramiento continuo

Un acercamiento al concepto Tipos de benchmarking .Pasos en su aplicación

Objetivos:

- Conocer qué es el benchmarking y los pasos para su aplicación en el contexto de la elevación de la calidad
- Comprender la importancia del benchmarking en la definición de las estrategias utilizadas por organizaciones exitosas para crear fidelidad en los clientes y adquirir principios para hacer más rentable la empresa a través del servicio al cliente

Un acercamiento al concepto y sus aplicaciones

Actualmente las empresas se enfrentan a mercados globales que les presentan retos cada vez más grandes. Uno de los retos principales es el de la competitividad, ya que no sólo se enfrentan a empresas locales, sino que la competencia se da entre empresas de todo el mundo. Para ser cada vez más competitivos las empresas recurren a diversas herramientas que les permitan bajar sus costos, aumentar la calidad de sus productos, etc. Entre estas herramientas o fórmulas de encuentra el Benchmarking.

Benchmarking - buscar al mejor en cualquier parte del mundo, y compararse con él para mejorar- o en una traducción casi literal llevar a cabo "estudios de referencia" es una técnica de recolección de información acerca de prácticas competitivas. El objetivo primario de su aplicación es proveer a la administración de prácticas que proporcionen al cliente mayores valores.

El "benchmarking" se diferencia principalmente del simple análisis de la competencia en que en éste se obtiene información fundamentalmente sobre los resultados conseguidos por la competencia, mientras que el "benchmarking" se interesa ante todo sobre la forma en que consigue la competencia esos resultados.

El Benchmarking no se limita a analizar los competidores más cercanos, esto estrecha demasiado el horizonte. A veces las ideas mejores proceden de otros competidores no directos, pero que han obtenido éxito en temas similares.

A continuación se presentan algunas definiciones.

Benchmarking es el proceso continuo de medir productos, servicios y prácticas contra los competidores más duros o aquellas compañías reconocidas como líderes en la industria. (David T. Kearns, director general de Xerox Corporation).

Definición del Webster´s. *Una marca del agrimensor... de una posición previamente determinada... y que se usa como punto de referencia... un estándar mediante el cual se puede medir o juzgar algo.*

Sirve para reforzar la idea de que benchmark es un estándar para la comparación de otros objetos o actividades. Es un punto de referencia a partir del cual se medirán otros.
Benchmarking es la búsqueda de las mejores prácticas de la industria que conducen a un desempeño excelente. (Robert C. Camp).

El Benchmarking puede ser comprendido como la herramienta que permite identificar las mejores prácticas de negocios entre todas las industrias reconocidas como líderes, que al adaptarlas e implementarlas en la empresa, capacitará no sólo a alcanzar a la competencia directa, sino que dan una ventaja competitiva mayor a la de esta. Es una definición proactiva ya que es un esfuerzo positivo y calculado para obtener la cooperación de los socios en el Benchmarking:

El Benchmarking: Qué es y Qué no es

El Benchmarking es:	El Benchmarking no es:
Un Proceso Continuo.	Un evento que se realiza una sola vez.
Un proceso de investigación que proporciona información valiosa.	Un Proceso de Investigación que da respuestas sencillas.
Un proceso para aprender de otros.	Copiar, Imitar.
Un trabajo que consume tiempo.	Rápido y fácil.
Un proceso de trabajo intenso que requiere disciplina.	Una Moda
Una herramienta viable que proporciona información útil para mejorar prácticamente cualquier actividad de negocios.	

Fuente: Adaptado del artículo: Do we really understand what benchmarking is all about?, Jim Morgan

Cuáles son los principios básicos que debe aplicar cualquier organización?

Es necesario reflexionar sobre cuales, son los principios fundamentales que toda organización, independientemente del tamaño, la actividad y los recursos que posea; debe realizar en la práctica diaria; si el objetivo es tener vida, crecer, ser competitivo y rentable:

1. Medir.
2. Aprender.
3. Innovar.
4. Poner en marcha lo aprendido y rediseñado
5. Mejorarlo continuamente

¿Por qué es necesario aplicarlo?

- Porque a los Clientes es indispensable añadirle valor, satisfacerlos y deleitarlos
- Porque los Clientes hacen benchmarking con los :Productos, Servicios Estrategias y momentos de Verdad
- Porque se debe ser competitivo globalmente y concretarlo
- Porque no se puede planificar el futuro con enfoques y procesos ineficientes e inefectivos

- Porque no se deben ignorar los mejores desempeños de los competidores y, fundamentalmente, de los no competidores
- Porque es necesario producir cambios beneficiosos en forma profunda, efectiva y rápida
- Porque es necesario mejorar la productividad, la calidad, los tiempos, el Know-How, obteniendo una ventaja real con respecto a los competidores
- Porque si no mejora la organización, lo harán otra u otros por la organización , y éstos pueden ser nuestros competidores
- Porque lo que debe administrarse no son los resultados, sino la forma en que se alcanzan o no esos resultados.

Tipos de Benchmarking:

Los estudios de referencia ofrecen una gran oportunidad para integrar las diversas funciones de la organización, por ejemplo: la colaboración de mercadotecnia, ingeniería de producto, diseño de procesos, y producción en la creación de la plataforma de arranque de un nuevo producto o línea de negocio. Los estudios de referencia por su naturaleza propician los procesos de integración y la colaboración que se logre puede hacer la diferencia entre un simple estudio de referencia y la contribución formal y deliberada para el desarrollo y mejoramiento de los sistemas. El continuo mejoramiento ofrece a las empresas la oportunidad de controlar su capacidad competitiva.

El benchmarking tiene dos clasificaciones. Una ***según con quien se hace***. En este sentido puede ser interno, dentro de la empresa o empresas del mismo grupo empresario o bien externo, con los mejores de clase mundial. Antes de realizar un benchmarking externo debe revisarse si no se realizó algún benchmarking interno. Muchas veces la mejor práctica es la que tenemos dentro de la empresa y no lo sabemos.

El otro tipo de benchmarking es ***sobre lo que se hace***:

- Sobre estrategias.
- Sobre productos / servicios.
- Sobre procesos de negocios (comercialización, producción, etc.)
- Sobre procesos de apoyo al negocio (distribución, ensamble, etc.)

La mayor parte de las evaluaciones comparativas se realizan sobre procesos, porque es ahí donde se manifiestan las mayores oportunidades de mejora.

Benchmarking interno

El objetivo de la actividad del Benchmarking interno es identificar los estándares de desarrollo interno de una organización.

Sirve para animar a los empleados a comunicarse entre sí, superando las barreras organizacionales. Ayuda a la consecución de censos, y aprender en la solución de problemas.

En la mayor parte de las grandes empresas con múltiples divisiones o internacionales hay funciones similares en diferentes unidades de operación. Una de las investigaciones de benchmarking más fácil es comparar estas operaciones internas. Debe contarse con facilidad con datos e información y no existir problemas de confidencialidad. Los datos y la información pueden ser tan amplios y completos como se desee. Este primer paso en las investigaciones de benchmarking es una base excelente no sólo para descubrir diferencias de interés sino también centrar la atención en los temas críticos a que se enfrentará o que sean de interés para comprender las prácticas provenientes de investigaciones externas. También pueden ayudar a definir el alcance de un estudio externo.

Benchmarking competitivo

El objetivo del benchmarking competitivo es identificar información específica acerca de los productos, los procesos y los resultados comerciales de los competidores y compararlos con los de su organización.

En algunos casos, los competidores pueden unir fuerzas para participar en proyectos conjuntos de benchmarking en áreas en que no haya patentes.

Los competidores directos de productos son contra quienes resulta más obvio llevar a cabo el benchmarking. Ellos cumplirían, o deberían hacerlo, con todas las pruebas de comparabilidad. En definitiva cualquier investigación de benchmarking debe mostrar cuales son las ventajas y desventajas comparativas entre los competidores directos. Uno de los aspectos más importantes dentro de este tipo de investigación a considerar es el hecho que puede ser realmente difícil obtener información sobre las operaciones de los competidores. Quizá sea imposible obtener información debido a que está patentada y es la base de la ventaja competitiva de la empresa.

Benchmarking funcional

El Benchmarking funcional comprende la identificación de productos, servicios y procesos de trabajo de organizaciones que podrían ser o no ser competidoras directas de su organización y el objetivo es identificar las mejores prácticas de cualquier tipo de organización que se haya ganado una reputación de excelencia en el área específica que se esté sometiendo a benchmarking. Principalmente áreas funcionales (Manufactura, Marketing, Ingeniería, Recursos Humanos).

No es necesario concentrarse únicamente en los competidores directos de productos. Existe una gran posibilidad de identificar experiencias funcionales o líderes de la industria para utilizarlos en el benchmarking incluso si se encuentran en industrias disímiles. Este tipo de benchmarking ha demostrado ser productivo, ya que fomenta en interés por la investigación y los datos compartidos, debido a que no existe el problema de la confidencialidad de la información entre las empresas disímiles sino que también existe un interés natural para comprender las prácticas en otro lugar.

Lugar y de los estudios de benchmarking respecto a otros estudios empresariales

Es conveniente comprender los estudios de benchmarking de otros que realiza la empresa a fin de determinar el papel y alcance de cada uno. La figura 1 presenta como un estudio de referencia difiere de otras técnicas de investigación.

FIGURA 1 Cuadro Comparativo			
Tipo de Análisis	**Investigación de mercados/Estudios de satisfacción-insatisfacción**	**Análisis Competitivo**	**Estudios de Referencia (Benchmarking)**
Propósito General	Analizar mercados de compañías o aceptación de	Analizar estrategias competitivas	Analizar el qué, por qué y cómo logran el

	productos		liderazgo competitivo las compañías
Enfoque	Necesidades de los clientes	Estrategias Competitivas	Las prácticas de negocio que satisfacen necesidades de los clientes
Aplicación	Productos y Servicios	Mercados y productos. Las prácticas de negocio que satisfacen las necesidades de los clientes	Las mejores prácticas de negocio como un producto
Limitantes	Cómo se encontraban las necesidades del cliente	Actividades del mercado	No tiene límites: competitividad, funcionalidad, estudios de referencia internos
Fuentes de Información	Clientes	Análisis de la industria/ Consultantes	Líderes de la industria similares en ventajas competitivas, competidores y clientes

El mayor punto de diferencia está dado por su enfoque en la práctica, que es satisfacer las necesidades del cliente. Mientras que la investigación de mercados se dirige hacia su identificación, y el análisis competitivo usualmente se emplea en el nivel estratégico, la contribución de los estudios de referencia tiene que ver con el examen del "Cómo" estamos satisfaciendo necesidades.

Un segundo punto anotado en la figura 1 es qué fuentes de información incluyen las compañías líderes, los clientes de la propia compañía y los competidores. De esta manera, los estudios de referencia permiten conocer lo que la empresa está haciendo, y lo que está realizando bien. Igualmente, esta técnica permite conocer qué y cómo lo hace la competencia y dónde es mejor.

Los resultados de los estudios de referencia pueden traducirse directamente en acciones para el mejoramiento de los sistemas y constituir guías sobre cómo llevar a cabo las mejoras, qué cambiar, y qué nuevos sistemas o alternativas pueden tomarse. De la diversidad de áreas en las que se aplique dependerá de sus contribuciones para la mejora de aspectos multifuncionales, tales como objetivos de los sistemas, mercadotecnia, administración, logística, ingeniería de producto, control, etc.

¿Por qué los estudios de referencia? Porque ofrecen un camino racional para determinar metas de desarrollo -metas que ayudan a las empresas a ganar el liderazgo en el mercado. Los estudios de referencia, suministran lógicas y equilibradas marcas de acercamiento que permiten a una organización medirse en perspectiva e identificar los requerimientos para acceder en el futuro al liderazgo en el mercado.

Los Estudios de Referencia. Su proceso.

Un estudio de referencia puede ser visto tanto como una herramienta reactiva (Ej. un problema fijo) o como un proceso proactivo para el mejoramiento de los sistemas. El uso proactivo de los estudios de referencia debe ser estrechamente relacionado a las estrategias corporativas de creación de valores superiores para el cliente. En este aspecto, la ventaja de los estudios de referencia estriba en que permite a la administración mirar externamente que es lo que los clientes valoran y como encontrar otras formas de satisfacción de sus necesidades. A partir de esto, posteriormente, el examen interno de los procesos comienza a tener un mayor valor que sólo comparar datos existentes.

El eje sobre el cual estamos sustentando nuestro proyecto se basa en el modelo referido por Michael J. Spendolini en su libro "Benchmarking Book", son:

1. *Determinar a qué se le va a hacer benchmarking*
2. *Formar un equipo de benchmarking*
3. *Identificar los socios de benchmarking, que son las organizaciones involucradas, mismas que serán nuestras fuentes*

de información y de quienes se presume son los representantes de las mejores prácticas.

4. Compilar y analizar la información

5. Actuar

Las cinco etapas para un benchmarking de éxito propuestas por Spendolini.

1. Determinar a qué se le va a hacer benchmarking.
- Definir quiénes son los clientes para la información del benchmarking.
- Determinar las necesidades de información de benchmarking de los clientes.
- Identificación de factores críticos de éxito.
- Diagnóstico del proceso de benchmarking.

2. Formación de un equipo de benchmarking.
- Consideración de benchmarking como actividad de equipo.
- Tipos de equipos de benchmarking.
  - Grupos funcionales de trabajo.
  - Equipos Interfuncionales, departamentales y organizacionales.
  - Equipos Ad Hoc.
- Quiénes son los involucrados en el proceso de benchmarking.
  - Especialistas internos.
  - Especialistas externos.
  - Empleados.
- Definir funciones y responsabilidades del equipo de benchmarking.
- Definición de habilidades y atributos de un practicante eficiente de benchmarking.
- Capacitación.
- Calendarización.

3. Identificación de socios del benchmarking.
- Establecimiento de red de información propia.
- Identificar recursos de información.
- Buscar las mejores prácticas.
- Redes de Benchmarking.
- Otras fuentes de información.

4. Recopilar y analizar la información de benchmarking.
- Conocerse.

- Recopilar la información.
- Organizar información.
- Análisis de la información.

5. Actuar.
- Producir un informe de benchmarking.
- Presentación de resultados a los clientes de benchmarking.
- Identificar posibles mejoras de productos y procesos.

Visión del proyecto en su totalidad.

A continuación se presenta una panorámica del proceso en las etapas de planeación, análisis, integración, ejecución y madurez. Las primeras cuatro fases incluyen diez pasos requeridos para completar la formulación de un estudio de referencia. Durante la etapa de maduración, el proceso está totalmente integrado a las prácticas cotidianas de la empresa. Cada paso está diseñado para proporcionar la información requerida para completar el proceso que requiere un estudio de referencia.

Paso 1: ¿Qué se estudiará? Debe tomase en consideración lo siguiente:

- Mejoramiento de sistemas.
- Producto vs. proceso.
- Importancia para las metas de la organización.
- Validación de los requerimientos del consumidor.
- Áreas causantes de los mayores problemas.
- Presiones competitivas.
- ¿Son los procesos de trabajo suficientemente entendidos?
- ¿Están definidas las formas de medición?

Paso 2: Identificando organizaciones para comparación. Hay que considerar:

- Negocios similares en su desarrollo.
- Productos comparables y características comunes.
- Determinar el competidor y amplitud de la industria
- Enfoque en la innovación de productos y prácticas.

Paso3: Determinación de los métodos de recolección de datos. Tener en cuenta:

- Peso específico de costos, tiempo y disponibilidad de datos.
- Precisar si la recolección de datos se hará interna y/o externamente.
- Buscar interna o externamente expertos sobre el tema.
- Participación en redes de información especializada.
- Considerar la necesidad de investigaciones originales mediante exámenes, cuestionarios.

Paso 4: Identificar / actualizar el ámbito competitivo. Debe considerarse:

- Asegurar que se hayan recolectado los datos pertinentes.
- Llevar a cabo juicios cualitativos o subjetivos.
- ¿Es el ámbito positivo, negativo, o sólo una parte?
- Puede "el mejor" identificarse a partir del análisis.
- ¿Pude la organización compararse con el mejor?

Paso 5: Proyección de niveles de desarrollo futuros.

(Basado en las 4 etapas anteriores de análisis, comparar a la empresa con "el mejor")

- Analizar la tendencia histórica de la organización con respecto a "el mejor".
- Actualizar ámbitos de desarrollo para la empresa.
- Proyectar tendencias futuras de productividad.
- Identificación de metas que deben de incluirse como parte de los ámbitos de desarrollo.

Paso 6: Establecimiento de metas. Considerar:

- Metas basadas en los hallazgos derivados de los estudios de referencia (datos actuales de las mejores industrias).
- Metas que deberán incluirse como parte del desarrollo a alcanzar.

Paso 7: Desarrollo de planes de acción.

- Aplicación de experiencias a los nuevos planes de estudios de referencia.
- Evitar los procesos aplicados como excepción.
- Determinar la eficiencia de la práctica de los estudios de referencia.

Los planes deberán dirigirse a:

1. Instrumentación de responsabilidades.
2. Aproximaciones sucesivas.
3. Resultados esperados.
4. Requerimiento de recursos.
5. Definición de tareas con su programación.
6. Identificación formas de medición.

Paso 8: Instrumentación de cursos específicos de acción. Considerar:

- Planes de acción para la conducción y acercamiento funcional.
- Niveles de responsabilidad en la administración de la instrumentación.
- Fortalecimiento mediante las propias redes de estudios de referencia internos.

Paso 9: Seguimiento de resultados reportes de avance. Considerar:

- Comparar los resultados actuales en relación con los esperados.
- Incluir en los estudios de referencia el desarrollo de procesos de medición.
- Informar del progreso de los planes con base en los indicadores establecidos.

Paso 10: Mejoramiento de los estudios de referencia. Considerar:

- Asegurar que los estudios de referencia estén debidamente documentados.
- Identificación de planes para verificar los resultados de los estudios de referencia.
- Determinar si la posición de liderazgo ha sido lograda.

6. La calidad del producto hotelero

En su programa de trabajo, la OMT entiende la calidad del turismo como:

"El resultado de un proceso que implica la satisfacción de todas las necesidades, exigencias y expectativas legítimas de los consumidores respecto a los productos y servicios, a un precio aceptable, de conformidad las condiciones contractuales mutuamente aceptadas y con los factores subyacentes que determinan la calidad tales como la seguridad, la higiene, la accesibilidad, la transparencia, la autenticidad y la armonía de una actividad turística preocupada por su entorno humano y natural".

Fuente: [Definición preparada y modificada por los autores)]

Calidad y comercio: en busca de denominadores comunes, justicia y transparencia

Esta actividad es una continuación del anterior programa sobre calidad del desarrollo turístico. Más centrado en los aspectos económicos del turismo, en el comercio y en la empresa, aspira a ayudar a los miembros de los sectores público y privado a abordar objetivos, normas y medidas en materia de calidad como una forma de contribuir al desarrollo sostenible y a la atenuación de la pobreza.

Los aspectos específicos que se cubren son:

- El comercio de servicios turísticos, incluidas cuestiones tales como el acceso a los mercados turísticos, la competencia y la globalización
- La seguridad y los problemas de salud
- La orientación, la armonización y el reconocimiento de unas normas de calidad

La referencia a las normas está presente en todos estos ámbitos. En cuestiones comerciales, la OMT trabaja en estrecha relación con la Conferencia de las Naciones Unidas sobre Comercio y Desarrollo (UNCTAD) y con la Organización Mundial del Comercio (OMC). El objetivo es vincular las políticas y estrategias de turismo con las negociaciones multilaterales en torno al Acuerdo General sobre el Comercio de Servicios (AGCS), con el fin de alcanzar niveles de liberalización cada vez mayores de modo que se promueva el crecimiento económico y el progreso de los países en desarrollo. Periódicamente, se organizan reuniones informativas y debates sobre el comercio de servicios turísticos para ayudar a los Miembros a formular políticas comerciales que tengan en cuenta todos los aspectos y estén debidamente fundadas.

La inclusión de la esfera de la seguridad obedece a que se considera un factor fundamental de la calidad. El principal foco de atención actual es la preparación de un modelo de plan de trabajo para los destinos turísticos basado en unos criterios de seguridad objetivos, de un modelo de código de conducta sobre las advertencias a los viajeros y de una revisión del documento de la OMT Información y formalidades de salud en los viajes internacionales, documentos que se presentarán a la decimosexta reunión de la Asamblea General de 2005 y que tendrán en cuenta el nuevo Reglamento Sanitario Internacional de la Organización Mundial de la Salud (IHR 2005).

En el capítulo de normas de calidad, figuran como objetivos específicos la orientación a los Miembros que emprenden programas de calidad turística, la preparación de normas basadas tanto en los denominadores comunes como en la diversidad cultural, un documento orientativo sobre clasificación de hoteles y diversas aportaciones a la labor de la Organización Internacional de Normalización (ISO) sobre señales y símbolos turísticos y otras normas relacionadas con el turismo.

En relación con todos esos aspectos, el programa de calidad y comercio en el sector del turismo contempla también la preparación de "parámetros de aplicación" del Código Ético Mundial para el Turismo. No obstante, los asuntos relacionados con el código y la secretaría del Comité Mundial de Ética del Turismo son actualmente responsabilidades del Departamento de Desarrollo Sostenible del Turismo.

El análisis de cada uno de los términos empleados en esta definición sugiere acciones concretas que pueden evaluarse desde la perspectiva de unos criterios de calidad.

"Resultado" implica que la calidad se alcanza y se percibe en un momento determinado. No puede existir sin el concurso armonioso y activo de todos los factores que intervienen en la experiencia turística. El "resultado" puede evaluarse en función de la satisfacción del consumidor así como por los efectos sociales, medioambientales y económicos de la actividad turística en cuestión.

"Proceso" significa que para alcanzar la calidad no es suficiente realizar una acción determinada, sino que es preciso un trabajo constante que no puede detenerse porque se haya logrado una calidad temporal. Implica asimismo un proceso sin interrupciones ni deficiencias, en el que es posible constatar y eliminar las limitaciones de una oferta que estropean el producto turístico y son responsables de pérdidas directas o indirectas para la empresa o el destino.

"Satisfacción" introduce los elementos de subjetividad en la percepción de la calidad. Según sus características, las exigencias o expectativas de los clientes varían. Un marketing fundado y movido por un anhelo de calidad atiende a esas características y trata de catalogar a los consumidores según los diferentes tipos y grados de calidad que perciben.

"Legítimo" incorpora en el análisis el elemento del derecho a algo. Los consumidores no pueden esperar recibir más de lo que corresponde a lo que han pagado o a lo que determinan ciertos límites sociales o ambientales. La función de las administraciones y de las empresas del sector turístico es que el tipo y el grado de calidad estén en consonancia con el precio y las limitaciones externas.

La noción de **"necesidades"** está vinculada con la cuestión de la legitimidad. Hay que tratar de satisfacer las necesidades básicas y vitales de las personas, aquéllas que no deberían nunca subestimarse al incorporar en los proyectos y programas de turismo los demás aspectos a efectos de introducir atractivos, reforzar experiencias, etc. Las necesidades tienen que ver ante todo con los factores subyacentes que determinan la calidad, aunque, con el tiempo, las expectativas relacionadas con el tipo y el volumen de las "necesidades básicas" varían y con frecuencia aumentan. Las necesidades básicas del pasado no son exactamente las necesidades básicas de hoy.

La noción de **"exigencias respecto a los productos"** pone de relieve la necesidad de vincular un único uso del servicio o la instalación con la totalidad del producto y la experiencia turística en su conjunto. Un servicio de buena calidad no es suficiente para dar una impresión de que todo el producto turístico es de calidad, aunque un servicio excelente pueda impresionar favorablemente al cliente y hacerle cerrar los ojos a las deficiencias o defectos de otros elementos del producto turístico.

El término **"exigencias respecto a los servicios"** relaciona la calidad con sus dimensiones humanas y personales que, a menudo, son intangibles y aparentemente difíciles de valorar, evaluar y cuantificar, a diferencia de los atributos físicos de las instalaciones turísticas que se emplean primordialmente en la clasificación o calificación de las instalaciones. No obstante, ciertos elementos relacionados con el servicio prestado son cuantificables como, por ejemplo, el tiempo de espera, la frecuencia del servicio (ej. limpieza), el número y el tipo de servicios que incluye el precio básico, etc.

El término **"expectativas"** se refiere a la necesidad de informar y dar una percepción positiva de las características del producto al consumidor potencial. No deberían producirse sorpresas negativas en el momento en que se presta el servicio o se suministra el producto: el consumidor debe recibir lo que se le ha prometido (o incluso más). Las expectativas, al mismo tiempo, deberían ser legítimas: hay límites para las expectativas y algunas no pueden cumplirse por muy alto que sea el pago ofrecido.

El término **"consumidor"** hace referencia a los consumidores (finales) particulares, que pueden ser grupos de personas (p. ej. una familia), empresas (p. ej. una compañía que compra un viaje de incentivo) e intermediarios comerciales (p. ej. un tour operador). En el tercer caso, éste puede solicitar que su propio representante o un asesor externo reconocido evalúen y certifique la calidad del producto.

"Precio aceptable" sugiere que las expectativas del cliente reflejadas en el precio no pueden satisfacerse cueste lo que cueste y que las "sorpresas positivas" no deberían ser demasiado generosas, ya que ello significaría una asignación excesiva de recursos que no recibiría una remuneración adecuada. Si la calidad está garantizada y el producto es excepcional no cabe esperar que sea barato.

"Las condiciones contractuales mutuamente aceptadas" es un concepto añadido a la definición por el Comité de Apoyo a la Calidad de la OMT por indicación del sector privado. Introduce elementos de carácter comercial y jurídico y está relacionado con la transparencia. La aceptación puede ser explícita o tácita (implícita), según la normativa que regule el sector del turismo en cada país o el tipo de transacción de que se trate. Por ejemplo, algunos contratos requieren una firma, mientras que otras transacciones no requieren más que la comunicación previa del precio al solicitar el servicio.

La expresión **"factores subyacentes que determinan la calidad"** sugiere que debería haber unos criterios de calidad comunes e irrevocables esenciales para cualquier consumidor, con independencia de la categoría o clase del producto, del establecimiento, de la instalación o del servicio. Establecen el nivel mínimo de protección del consumidor por debajo del cual es imposible alcanzar una calidad o una calidad total y, si falla alguno de ellos, la calidad de la experiencia turística disminuye significativamente.

- **Seguridad**: Un producto o un servicio turístico no puede representar un peligro para nuestras vidas, ni causar daño a la salud, a cualquier otro interés vital o a la integridad del consumidor (aun cuando hablemos de "turismo de aventura"). Las normas de seguridad las estipula normalmente la ley. (p. ej. Regulaciones para la prevención de incendios) y deberían considerarse "Per Se" como normas de calidad.

- Higiene: Por ejemplo, un alojamiento debe ser saludable y limpio. No cabe pretender que estos requisitos son más importantes en los establecimientos de alta categoría. Las normas de inocuidad de los alimentos (que a menudo se estipulan también por ley) deben cumplirse y han de ser comunes a todos los tipos de establecimientos de comidas, desde los puestos callejeros hasta los restaurantes de lujo, pasando por las comidas de los aviones.

- Accesibilidad: Este factor exige que se eliminen las barreras físicas, de comunicación y de servicios para permitir, sin discriminación, que cualquiera pueda utilizar los productos y servicios turísticos corrientes, independientemente de sus diferencias por nacimiento o enfermedad, incluidas las personas con discapacidades.

- **Transparencia**: Se trata de un elemento clave para garantizar la legitimidad de las expectativas y la protección del consumidor. Se refiere al suministro y la comunicación efectiva de información fidedigna sobre las características y la cobertura del producto y sobre su precio total. Ahí se incluye explicitar lo que cubre y lo que no cubre el precio del producto ofertado.

- **Autenticidad**: En un mundo dominado por el comercio, la autenticidad es el factor de calidad más difícil de alcanzar y más subjetivo. Posee asimismo dimensiones de marketing y competencia. La autenticidad se determina dentro de un marco cultural y uno de sus resultados es diferenciar claramente el producto de otros similares. La autenticidad debe responder a las expectativas del consumidor. Disminuye y, llegado el caso, se extingue cuando el producto se desvincula de su entorno cultural y natural. En este sentido, un restaurante étnico "genuino" no puede ser nunca enteramente auténtico en un lugar distinto a su emplazamiento original. Eso no significa que ese establecimiento no pueda ser un punto de atracción y que no pueda evaluarse desde el punto de vista de la calidad en términos de creación (contenido y diseño), marketing, distribución, venta y prestación del servicio correspondiente. Un parque temático que represente tierras lejanas y culturas distantes es un buen ejemplo de un producto turístico en principio artificial que puede crear una imagen de autenticidad y calidad por sí mismo. Por otra parte, un producto auténtico puede también evolucionar y adaptarse a las necesidades y expectativas.

- **Armonía**: La armonía con el entorno humano y natural se enmarca en el territorio de la sostenibilidad, un concepto a medio y a largo plazo. "Para mantener la sostenibilidad del turismo se requiere gestionar los impactos ambientales y socioeconómicos, fijar indicadores ambientales y mantener la calidad del producto turístico y de los mercados de turistas" (Guía para Administraciones Locales: Desarrollo Turístico Sostenible, OMT). No puede haber sostenibilidad sin calidad.

Posición de la OMT sobre normas de calidad.

(Extractos del informe de la segunda reunión del Comité de apoyo a la calidad y al comercio, Madrid, 11 y 12 de noviembre de 2004)

1) El Comité tomó nota del papel cada vez mayor de las normas en las actividades turísticas como respuesta a las necesidades del comercio, la protección del consumidor, la promoción, el marketing, la comunicación y la transparencia y en relación con la terminología, los sistemas de gestión y las especificaciones

técnicas. Tomó nota asimismo de la búsqueda de referentes internacionales en esta esfera y de la variedad de las actividades e iniciativas nacionales e internacionales correspondientes, en especial de la Organización Internacional de Normalización (ISO), encaminadas a la redacción de esas normas.

2) El Comité acogió con satisfacción la reciente iniciativa emprendida por la ISO, atendiendo a la propuesta del Comité sobre Políticas de Consumo (COPOLCO), en el que estaban representadas organizaciones del sector turístico, de crear un nuevo comité técnico sobre normas de turismo para tratar la terminología y las especificaciones técnicas del sector y desarrollar las normas de gestión de la calidad ya existentes (ISO 9000/2000; ISO 14000) con miras a adaptarlas a la especificidad de las actividades turísticas.

3) El Comité consideró que la norma ISO ya existente sobre terminología del turismo debía revisarse para obtener un mayor consenso internacional.

4) Con respecto a las normas futuras sobre especificaciones de servicios ofrecidos por proveedores de servicios turísticos, el Comité tomó nota de que el principal objetivo de la normalización sería abordar en primer lugar los aspectos de la seguridad, la higiene y la accesibilidad y recomendó que cualquier norma futura, cuando tratase otros aspectos, previera la protección de la identidad cultural y de las diferencias culturales.

5) Recomendó además:

- Que el futuro comité técnico de la ISO sobre normas de turismo previera la creación de un mecanismo que permitiese a los representantes de las organizaciones de consumidores participar permanentemente en el proceso de redacción y fomentara, en su definición de competencias, la participación equitativa de todas las regiones del mundo.
- Que entre las primeras áreas en las que se preparen normas figuras en las actividades en las que se contara con una experiencia a escala nacional más importante.

Consideraciones finales.

El éxito de los estudios de referencia depende de la continuidad de los esfuerzos y de la participación conjunta y comprometida de la organización en todas las actividades. De ahí que el proceso debe institucionalizarse como parte de la cultura de la organización -una cultura que promueva cambios en los productos, servicios y procesos basándose en los hallazgos de los estudios de referencia.

7. Bibliografía:

1. Albrecht, Karl; Bradford, Lawrence. L.: "La excelencia del servicio". Editora Legis. 1994.
2. Bases generales del perfeccionamiento empresarial. Anexo al Decreto Ley 187/ 18 de agosto de 1998. Gaceta Oficial no.45. Habana. Agosto 1998.
3. Crosby, P.: "Calidad sin lágrimas, el arte de administrar sin problemas". Editorial Continental S.A. México. 1991
4. Crosby, P.: "Hablemos de Calidad". Editorial Mc Graw – Hill. México. 1990.
5. "Datos esenciales del turismo, edición de 2003": Los cambios en el comportamiento de los mercados y la debilidad de la economía mundial determinan las tendencias del turismo".
 - http://www.world-tourism.org/espanol/saladePrensa (14 de abril 2004).
6. Deming, W. Edwards. : "Calidad, competitividad. La salida de la crisis". Ediciones Díaz de Santos. 1989.
7. "El Consejo Empresarial fijará una estrategia en la Asamblea General de la OMT para restablecer la confianza de los consumidores".
http://www.worldtourism.org/espanol/newsroom/Releases/2003/sept/wtobc.htm.
8. Errasti Arrebato, Eliset E. "Estudio de Caso: Expediente de Clasificación Hotel Caren Diamante". Escuela de Altos Estudios de Hotelería y Turismo. La Habana. 2003.
9. Expertos en la Aplicación del Modelo Europeo .www.tqm.es/TQM/ModEur/Modelo Europeo 9.htm (10/11/2003)
10. Fernández Hatre, Alfonso. : "Implantación de un sistema de calidad Norma ISO 9000: 2000". Asturias. S/f.

11. Feigenbaum, Armand. : "Control Total de la Calidad": Ingeniería y Administración. Editorial Norma. Colombia. 1985.

12. Fisher, René: "Pautas para una capacitación exitosa", Boletín Metodológico (Programa Nacional de Intercambio Docente-Metodológico), EAEHT, La Habana, no 1,2002.
13. Fundación Iberoamericana de la Calidad. www.fundibeq.org
14. Frost, Roger."ISO 9000:2000 Los desafíos de una nueva versión" Editorial. Revista ISO Management Systems. Octubre. 2001
15. Gallegos, Jesús F.: "El Hotel del siglo XXI". Madrid. 1997
16. Gestión por procesos.
http: // gisg.interfase.es/cgi-bin/status.cgi?amozarrain?. 10/1/02.

17. Ischikawa, Kauro: "Qué es el control total de la calidad. Modalidad japonesa". La Habana: Revolucionaria. 1988.

18. Ischikawa, Kauro. : "Guía de control de la calidad". S/l. 1985.

19. Juran, J. M: "Juran y la planificación para la calidad". Madrid. Ediciones Díaz de Santos. Madrid. 1990.

20. Ministerio de Turismo de la República de Cuba. "Política de Calidad". La Habana. 2001.

21. _____."Resolución no.36 del 2002".

22. _____. "Indicación metodológica no.1" Dirección de Calidad. La Habana. 2002

23. _____. "Indicación metodológica no.2". Dirección de Calidad. La Habana. 2002.

24. _____. "Indicación metodológica no.3". Dirección de Calidad. La Habana. 2002.

25. _____. "Indicación metodológica no.4". Dirección de Calidad. La Habana. 2002

26. _____. "Lineamientos del Grupo Verificador". Dirección de Calidad. La Habana. 2002.

27. Millán Luís, Belkis: "El Premio a la Excelencia Empresarial, una herramienta para la mejora de la calidad". Oficina Territorial de Normalización de Ciudad de la Habana. Ponencia Evento Internacional de Calidad 2000. Ciudad de la Habana. 2000.

28. Norma Internacional ISO 9000. "Sistemas de gestión de calidad. Fundamentos y Vocabulario". Suiza. 2000.

29. Norma Internacional ISO 9001:2000. "Sistemas de gestión de calidad. Requisitos". Suiza. 2000.

30. Norma Internacional ISO 9004:2000. "Sistemas de gestión de calidad. Directrices para la mejora del desempeño". Suiza. 2000.

31. "La calidad percibida por los clientes en el sector hotelero. ¿Influyen las variables de la clasificación hotelera?.
http://www.pymesonline.com/formacion/index.php?action=file&0458
(12/junio/2004)

32. Llano Cifuentes, Carlos: "La enseñanza de la Dirección y el método del caso", Instituto Panamericano de Alta Dirección de Empresa (IPADE), Universidad Panamericana, México,1998.

33. Oficina Nacional de Normalización de la República de Cuba. "NC 126: Industria Turística. Requisitos para la clasificación por categorías de los restaurantes que prestan servicio al turismo". La Habana. Cuba. 2001.

34. _____.
"NC 127: Industria Turística. Requisitos para la clasificación por categorías de los establecimientos de alojamiento turístico". La Habana. Cuba. 2001.

35. Organización Internacional de Normalización. www.iso.org

36. Parezca, Simón. : "Gestión tecnológica y competitividad; estrategia y filosofía para alcanzar la calidad total y el éxito en la gestión empresarial". La Habana. Editorial Academia. 1995.

37. Piffault, Joelle: "El arte y proceso de la escritura", material del curso sobre metodología de estudios de casos, ISPJAE, La Habana,2002.

38. Revista Capital Humano No.67. "Gestión del conocimiento". Febrero. 2000.

39. _____No.131. "Cambio". Marzo. 2000.

40. Revista Cubana de la Gestión Empresarial Nueva Empresa. "Entrevista a la directora de la Oficina Nacional de Normalización". Volumen 2, No.3. La Habana. Cuba. 2002.

41. Revista Normalización. "Vocabulario Ilustrado de Términos y Definiciones". No.2. 2002. La Habana. Cuba.

42. Revista Normalización. "Un lustro galardonando a los mejores". No.3. 2002. La Habana. Cuba.

43. Revista Hosteltur. No.83: "Comunicación para el turismo del futuro". Enero.2001.

44. Robledo, Marco A.: "Atención al cliente y herramientas de calidad". España. 1997.

45. Rubio, Abelardo. "Curso Dirección Integrada de Proyectos, Calidad Total". EOI – América / Escuela Superior de la Industria Básica. 2000.

46. Senlle, Andrés; Orlando Bravo. "ISO 9000 en la práctica. La calidad en el sector turístico". Editorial Gestión 2000. S.A. 2000

47. Secretaría de Turismo de México. www.sectur.gob.mx/wb/distribuidor.jsp?

www.ingramcontent.com/pod-product-compliance
Lightning Source LLC
Chambersburg PA
CBHW050811180526
45159CB00004B/1625